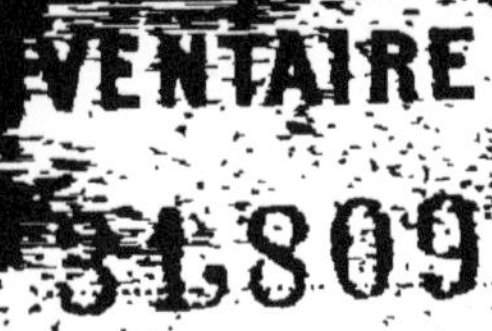

PHÉNIX,

COMPAGNIE FRANÇAISE

D'ASSURANCES SUR LA VIE,

Rue de Provence, 30, à Paris,

Autorisée par Ordonnance Royale du 9 juin 1844.

EXPLICATIONS

des

ASSURANCES SUR LA VIE

PAR

M. Hippolyte Bellet,

auteur du CODE DE LA FAMILLE, du PROPAGATEUR DES ASSURANCES CONTRE L'INCENDIE, etc.

IMPRIMERIE LANGE LÉVY ET COMPie,
Rue du Croissant, 16.

1844.

LE PHÉNIX,

OMPAGNIE FRANÇAISE D'ASSURANCES SUR LA VIE

Autorisée par Ordonnance Royale du 9 juin 1844.

Capital de garantie : Quatre millions

CONSEIL D'ADMINISTRATION :

MM.

JOURDAN, maître des requêtes honoraire, ancien directeur des Contributions directes, Président.

POTTIER, propriétaire, Vice-Président.

DITTE, propriétaire.

THOLOZÉ (le lieutenant-général, baron de).

NEIGRE (le lieutenant-général, pair de France, baron).

MM.

MONTESQUIOU (le généra pair de France, comte de

DUVAL DU MANOIR (comte), propriétaire.

DAVID, ancien consul-génér député.

JOLY de BAMMEVILLE, la maison Joly et fils Saint-Quentin

Directeur : M. H. JOLIAT

EXPLICATIONS

DES

SURANCES SUR LA VIE.

IMPRIMERIE LANGE LÉVY ET COMP.,
rue du Croissant, 16.

AU LECTEUR.

Si les *Assurances sur la vie*, qui existent en Angleterre depuis un siècle et demi, sont encore dans leur enfance parmi nous, c'est que leurs combinaisons, aussi ingénieuses que variées, c'est que les ressources qu'elles présentent aux hommes prévoyans n'ont pas suffisamment éveillé l'attention des pères de famille. Les *assurances sur la vie* ne répugnent pas à nos mœurs; seulement elles ne parlent pas assez à notre intelligence. Contribuerons-nous, pour notre part, à porter la lumière ou la conviction dans des esprits qui ignorent ou qui doutent, et à les rallier autour d'une des plus philantropiques créations de notre époque? Nous ambitionnons ce succès plus que nous n'osons l'espérer. Toutefois, nous nous estimerons heureux d'avoir signé ce livre, ne dût-il être profitable qu'à un petit nombre de personnes; ne dût-il propager, que dans un cercle même restreint, les *assurances sur la vie*, si fécondes en heureux résultats.

CHAPITRE PREMIER.

DÉFINITIONS.

Nous avons souvent entendu demander autour de nous ce que c'était qu'une *assurance sur la vie*. Cette question, nous l'avouons, ne nous a jamais étonné ; car ces mots, *assurance sur la vie*, sont loin d'offrir, au premier abord, un sens précis ou suffisamment intelligible. Notre premier soin sera donc de définir ces *assurances*, et, principalement, celles que nous appellerons, par la suite *Assurances en cas de mort*.

On sait que le propriétaire fait *assurer* sa maison contre l'incendie, afin d'obtenir l'indemnité des pertes que le feu lui occasionerait ; on sait que l'armateur fait *assurer* son navire contre les dangers de la navigation, afin de trouver, si ce navire périt, une réparation du dommage qu'il éprouverait.

Or, les *assurances sur la vie* ont une analogie frappante avec les *assurances contre l'incendie* et les *assurances maritimes.* La VIE d'un chef de famille n'est-elle pas, en effet, une valeur réelle, représentée par le fruit de son travail ; n'est-elle pas, s'il nous est permis de le dire, une propriété, aussi bien qu'une maison, qu'un navire ; propriété qu'il met en rapport, qu'il exploite par son intelligence, et qui est peut-être le seul soutien de sa femme et de ses enfans ? Ceux-ci doivent éprouver une perte matérielle lorsque cette VIE, si précieuse pour eux, s'éteint; et, c'est afin qu'ils soient indemnisés de cette perte, que le père de famille prévoyant fait *assurer* sa VIE contre les dommages que sa mort fera subir aux siens. Il met donc sa VIE à l'abri des suites fâcheuses qu'un semblable événement peut avoir pour ceux qui lui survivent, comme le propriétaire, comme l'armateur mettent, par une *assurance,* leurs maisons et leurs vaisseaux à l'abri des suites de l'incendie ou de la tempête.

On peut donc dire que, dans son acception la plus étendue, une *assurance sur la vie* est un contrat par lequel celui qui *s'assure* verse annuellement sous le nom de *primes,* une somme plus ou moins élevée dans la caisse d'une Compagnie d'*assureurs,* et obtient l'engagement que cette Compagnie paiera, à sa mort, quelque rapproché qu'en soit le terme, quelque imprévu que soit le coup dont il puisse être frappé, un capital plus ou moins considérable à sa veuve, à ses enfans ou à toute autre personne qu'il aura désignée.

L'homme qui signe un contrat de ce genre, le plus noble, le plus désintéressé de tous, a réfléchi que la mort peut l'enlever à tout âge. Il se sent inquiet, surtout s'il vit de son travail, sur le sort à venir de ceux qui lui sont chers ; il craint de laisser après lui, dans la gêne, les objets de ses affections : une *assurance sur la vie* lui permet donc de répondre à la crainte qu'il éprouve et d'obéir ainsi aux besoins de son cœur. Cet homme, d'ailleurs, n'eût-il pas de famille, peut avoir de généreux désirs à satisfaire, un ami à obliger, un bienfaiteur à secourir, des serviteurs à récompenser. La somme produite par l'*assurance* qu'il aura contractée paiera à sa mort la dette de la reconnaissance ou de l'amitié.

Peut-être dira-t-on que, sans faire *assurer sa vie*, un père de famille peut accroître son héritage et atteindre ainsi son but par des économies successives et un travail opiniâtre ? En admettant cette hypothèse, a-t-on réfléchi au nombre d'années qui lui seront nécessaires pour acquérir, par des épargnes sagement amassées, un capital un peu considérable? 25 années d'économies, nous dirons même de privations, lui suffiraient à peine pour laisser à sa famille une somme qu'un contrat d'*assurance* lui garantira dès le moment où il aura payé la première prime.

EXEMPLE.

Un homme de trente ans, pour *assurer sur sa vie*, c'est-à-dire pour laisser à sa mort 10,000 francs, doit payer à la Compagnie qui l'assure 249 fr. par an. Pour se créer un capital égal, en plaçant chaque année à intérêt une économie de 249 fr., et en laissant même s'accumuler les intérêts des intérêts, ce même homme aurait besoin de vivre 24 années. Eh bien ! au moyen d'une *Assurance*, s'il succombe avant ce terme, s'il meurt quelques jours même après avoir signé son contrat, il n'aura payé qu'une somme fort modique, qu'une seule prime peut-être de 249 fr., et il transmettra néanmoins à sa famille une somme de 10,000 fr. !

Que ce même homme, sans avoir ainsi recours à une *assurance sur la vie*, demande à obtenir 10,000 francs après sa mort, moyennant le paiement annuel de 249 francs pendant sa vie, il ne trouvera personne qui veuille accepter sa proposition, personne qui veuille courir cette chance. On le prendra pour un fou ou pour un faiseur de dupes.

C'est donc une conception tout à la fois hardie et ingénieuse que celle qui a résolu ce problème, en créant des Etablissemens dont les combinaisons se prêtent à tous les besoins, à tous les projets, à tous les âges. Les *Assurances sur la vie*, en effet, sont loin d'être circonscrites dans les limites que nous avons tracées. Variées à l'infini, elles sont susceptibles d'applications nombreuses. Aussi n'est-il aucune classe de la société qui ne puisse en recueillir les bienfaits. C'est ce que nous espérons démontrer. Mais nous devons faire connaître d'abord les deux grandes classes entre lesquelles se divisent les *Assurances*.

CHAPITRE II.

DIVISION EN DEUX CLASSES DES ASSURANCES SUR LA VIE.

Les *Assurances sur la vie* se divisent en deux classes.

Dans l'une, la Compagnie qui assure garantit un capital ou une rente payable à la *mort* de l'*assuré*, à sa veuve, à ses enfans, à ses héritiers, légataires, créanciers ou à toutes autres personnes, au choix de cet *assuré*.

Cette assurance porte la dénomination d'ASSURANCE EN CAS DE MORT. Ce ne sera, en effet, qu'au jour de votre décès que la *Compagnie d'assurances* devra payer le capital ou la rente qu'elle s'est engagée à fournir par le contrat intervenu entre elle et vous.

Dans la seconde classe, la Compagnie qui assure prend avec l'*assuré* un engagement qui doit profiter directement à cet *assuré*, *de son vivant*, et qui ne peut être avantageuse que pour lui, puisque, s'il meurt, la *Compagnie d'assurances* n'a plus d'obligation à remplir.

On donne à cette classe le nom d'ASSURANCES EN CAS DE VIE. Ce ne sera donc qu'autant que *l'assuré* sera vivant qu'il recueillera le fruit de son *assurance*.

Nos lecteurs concevront déjà que ces deux natures d'*assurances* s'adressent à des intérêts séparés et également distincts. Les pères famille rechercheront les *assurances en cas de mort*, puisqu'elles ont pour but de fonder un capital payable à leurs héritiers. Les célibataires préféreront les *assurances en cas de vie* qui leur garantissent un capital ou un revenu pour l'âge auquel ils se promettent d'en jouir.

Nous adopterons, pour la suite de cet ouvrage, les deux divisions que nous venons d'établir.

Ière DIVISION.

CHAPITRE III.

ASSURANCES EN CAS DE MORT.

L'*assurance en cas de mort* qui, comme nous l'avons dit au chapitre précédent, ne produit son effet que lors du décès de l'*assuré*, peut être fait de trois manières :

1° Ou pour toute la durée de l'existence de l'*assuré*. On la nomme alors *assurance pour la vie entière* ;

2° Ou pour un temps limité ; elle prend alors le nom d'*assurance temporaire* ;

3° Ou au profit d'une personne désignée à l'avance par l'*assuré*, mais seulement pour le cas où cette personne *survivrait à l'assuré* ; on appelle une assurance semblable *assurance de survie*.

Quelques explications, appuyées sur des exemples, rendront sensibles ces divers modes d'*assurances en cas de mort*.

CHAPITRE IV.

ASSURANCES POUR LA VIE ENTIÈRE.

L'*assurance pour la vie entière* est un contrat par lequel une Compagnie s'engage à payer, lors du décès de l'assuré, à quelque époque qu'il ait lieu, un capital déterminé à ses héritiers. Pour prix de ce contrat, l'*assuré* paie à cette *Compagnie d'assurances*, pendant toute la durée de sa vie, une prime annuelle, qui, fixée d'avance en raison de son âge (1) et de

(1) On conçoit que cette prime s'accroisse avec l'âge de l'*assuré*. En effet, les assureurs devant exécuter leur engagement *à la mort de l'assuré*, plus celui-ci approche du terme de sa carrière, plus les assureurs courent de risques. Quant aux *primes*, elles ont pour bases de nombreuses observations qui, faites sur la durée de la vie, ont permis de calculer exactement quelles sont à chaque âge les chances de la mortalité. L'analyse mathématique a fourni ensuite les moyens d'estimer rigoureusement le prix que doit payer chaque espèce d'assurances. En un mot, la fixation des *primes* est dégagée de tout arbitraire; elle est en rapport avec les engagemens que contractent et que remplissent les Compagnies d'assurances sur la vie.

la somme qu'il veut laisser après lui, demeure invariable jusqu'au terme du contrat.

EXEMPLE.

M. Amyot, âgé de 35 à 36 ans, contracte une assurance pour sa *vie entière*, dans le but de laisser à sa mort la somme de 25,000 fr. La prime qu'il doit payer chaque année, pendant toute la durée de sa vie, sera, eu égard à son âge et à la somme garantie de 710 fr. Maintenant, que cet assuré meure 15 ans après avoir payé, en primes, 10,650 fr.; qu'il meure dans dix ans, après avoir payé 7,100 fr.; qu'il meure dans 5 ans, après avoir payé 3,550 fr.; qu'il meure enfin après n'avoir versé qu'une seule prime de 710 fr., le lendemain même de l'*assurance*, les 25,000 fr. sont, *dans tous les cas*, acquis à ses héritiers.

Les *Compagnies d'assurances* rendent donc, au jour de votre mort, à ceux que la nature ou que votre volonté vous a substitués, une somme hors de toute proportion avec votre mise. Nous aurons l'occasion d'expliquer par quelles combinaisons ces Compagnies peuvent arriver à ce résultat.

La personne qui s'assure pour sa vie entière doit payer chaque année, pendant sa vie et par chaque somme de 100, 1,000 *ou* 10,000 *francs qu'elle veut laisser à son décès les primes suivantes :*

âge	*pour* 100 fr.		*pour* 1,000 fr.		*pour* 10,000 f.
30	2 fr.	49 c.	24 fr.	90 c.	249 fr.
35	2	84	28	40	284
40	3	28	32	80	328
45	3	87	38	70	387
50	4	66	46	60	466

Nous n'indiquons ici que les primes à payer à certains âges et pour certaines sommes. Ce tableau suffit pour établir une comparaison entre les primes à payer et les sommes obtenues.

Avantages accordés par la Compagnie du Phénix aux assurés pour la vie entière.

1° La Compagnie admet les assurés de cette classe à *participer* à ses bénéfices ;

2° Elle reconnaît que tout contrat d'assurance a, au gré de l'assuré, une valeur réalisable, et pour laquelle elle sera toujours prête à le racheter ;

3° Elle consent à prêter sur dépôt du contrat d'assurance et jusqu'à concurrence de sa valeur, les sommes demandées ;

4° Elle autorise les assurés à payer leurs

primes par semestre et même par trimestre.

I.

Participation dans les bénéfices.

D'après l'article 9 de ses statuts, la Compagnie laisse à ses assurés qui ont contracté pour la vie entière, l'option entre une participation dans ses bénéfices ou une réduction de la prime.

Si l'assuré renonce à la participation dans les bénéfices, il jouira immédiatement d'une réduction de 10 p. 100 sur le taux de la prime.

S'il opte pour la participation, sa quote part dans les bénéfices lui sera dévolue aux époques fixées par le Conseil d'administration, conformément aux statuts, et sera appliquée, à son choix, soit en augmentation du capital garanti par sa police, soit en une réduction sur les primes à payer.

II.

Rachat par la Compagnie du contrat d'assurance.

La Compagnie du *Phénix*, en accordant à l'*assuré pour la vie entière* la faculté de résilier sa police, pourvu qu'elle ait trois ans de date, et, en offrant de racheter elle-même ces polices ainsi résiliées, d'après les bases fournies par le calcul, la Compagnie, disons-nous, a fait du contrat d'assurance une valeur réalisable.

L'assuré ne craindra plus que ses économies soient totalement perdues, s'il était un jour forcé de renoncer au paiement de sa prime, puisque, dès le moment où son contrat lui deviendrait onéreux, la Compagnie serait toujours prête à en opérer le rachat. Il rentrerait alors dans une portion des sommes qu'il aurait précédemment versées, ou il demeurerait assuré pour un capital réduit, toujours payable à son décès, mais sans qu'il ait désormais aucune prime à payer.

EXEMPLES.

Un négociant a souscrit à trente ans une assurance de 40,000 fr. payables à sa mort, moyennant une prime annuelle de 996 fr.

Désormais la Compagnie est engagée à rembourser 40,000 fr. aux héritiers de cet assuré, quelle que soit l'époque de sa mort, et quand bien même à cette époque il n'aurait encore payé qu'un petit nombre de primes entre les mains de la Compagnie.

Dix ans après, ce négociant qui a payé 9,960 fr. se trouve dans l'impossibilité d'acquitter dorénavant ses primes. La Compagnie lui rachète sa police *au comptant*, s'il a besoin d'argent, et lui paie pour prix de ce rachat 4,514 fr. La différence entre cette somme qui lui est rendue et celle de 9,960 fr., montant des primes qu'il a versées est acquise à la Compagnie en échange des chances qu'elle a courues pendant la durée de l'assurance. Cependant, dira-t-on, l'assuré n'est pas mort ; cela est vrai ; la Compagnie n'a pas eu à payer les 40,000 fr. qu'elle avait garantis ; cela est vrai encore. Mais elle n'en a pas moins été exposée, pendant dix années, à un risque dont elle doit trouver la compensation.

Si ce négociant désire seulement s'affranchir de sa prime annuelle sans vouloir priver ses héritiers du bénéfice de l'assurance qu'il a contractée sur sa vie, alors le rachat de sa police n'a plus lieu au *comptant* ; il demeure assuré non plus pour un capital de 40,000 fr., puisqu'il cesse d'acquitter ses primes, mais pour un capital de 9,634 fr., somme à peu près égale à celle de 9,960 fr., payée par lui en primes, comme nous venons de le dire, pendant les dix années écoulées. Les sacrifices qu'il s'est imposés ne sont pas perdus; il a créé une nue-propriété qui n'est plus soumise à aucune charge, c'est-à-dire, pour laquelle il ne paiera plus aucune prime ; et il sera encore libre de tirer parti du capital promis pour le jour de son décès, de le réaliser à son profit, de l'escompter au gré de ses nouvelles convenances.

III.

Prêts par la Compagnie sur le contrat d'assurance.

La *Compagnie du Phénix*, cherchant à

multiplier les combinaisons qui permettent à un *assuré pour la vie entière* de tirer parti de son contrat, PRÊTE à l'assuré, à un intérêt modéré, sur le dépôt de sa police transférée à la Compagnie, la somme qu'il demande jusqu'à concurrence de la valeur du titre.

L'assuré, dans ce cas, n'aliène pas son contrat. Il rentre en jouissance de tous ses droits dès le moment où il rembourse la somme prêtée par la Compagnie, et, à la condition, bien entendue, que, pendant la durée du prêt, il a continué le paiement de ses primes. S'il ne peut rembourser le prêt qui lui a été fait, il abandonne son contrat à la Compagnie comme si celle-ci en avait simplement opéré le rachat, sauf par cette dernière à lui tenir compte, s'il y a lieu, de la plus value que le contrat pourrait avoir.

IV.

Paiement des primes par semestre ou par trimestre.

La Compagnie, afin de faciliter le paiement des primes, consent, lorsqu'elles s'élèvent au moins à 200 fr. par an, à ce que ce paiement ait lieu soit par semestre, soit par trimestre, avec une légère augmentation pour la différence d'intérêt. Toutefois, les calculs de la Compagnie étant basés sur la perception de primes annuelles, il y a lieu, lors du décès de l'assuré, de retenir sur le capital garanti les portions de primes nécessaires pour compléter dans son intégralité, la prime annuelle dont l'assuré n'aurait payé que le quart ou la moitié.

CHAPITRE V.

CONDITIONS GÉNÉRALES DU CONTRAT D'ASSURANCE POUR LA VIE ENTIÈRE.

ARTICLE PREMIER. La déclaration constatant l'âge de l'assuré, sa profession, l'état habituel de sa santé, sert de base au contrat ; il serait annulé de plein droit si elle contenait des faits controuvés dans le but de surprendre un engagement à la Compagnie.

ART. 2. L'assurance n'a d'effet qu'après le paiement de la prime de la première année.

Celle des années suivantes doit être acquittée au jour fixé pour l'échéance, ou, au plus tard, dans les trente jours suivans ; faute de quoi, si l'assuré vient à mourir, ses héritiers ou ayant-droit ne peuvent rien réclamer à la Compagnie.

Mais si la santé de l'assuré ne s'est pas altérée, il lui est donné faculté, ou à l'ayant-droit, pendant les deux mois qui suivent les trente jours, de rentrer dans la jouissance de la police en payant en sus de la prime échue un quart pour cent sur le capital assuré.

Ces délais expirés, sans qu'il ait été satisfait

aux dispositions précédentes, la police est annulée de plein droit sans qu'il soit besoin d'aucune mise en demeure ni demande en justice.

ART. 3. Dans toute assurance exigible en cas de décès, si l'assuré se donne la mort, s'il est tué dans un duel, s'il subit une exécution capitale, l'assurance est de nul effet.

Il y a également nullité du contrat si l'assuré périt dans une guerre ou par suite de blessures qu'il y aurait reçues; s'il meurt dans un voyage sur mer, pendant un voyage ou séjour hors des limites de l'Europe; à moins que, dans tous ces cas, la Compagnie n'ait consenti à courir le risque au moyen d'un supplément de prime déterminé d'avance. (Art. 5 des statuts.)

ART. 4. Dans tous les cas de nullité prévus par les articles 1, 2 et 3 de la police, les sommes payées par l'assuré sont acquises à la Compagnie.

ART. 5. La personne qui a fait une assurance sur sa vie peut transmettre la propriété de la police par endossement sans le consentement et à l'insu même de la Compagnie. S'il s'agit d'une assurance faite sur la vie d'un tiers, le cédant est tenu de le déclarer à la Compagnie, et de justifier que le cessionnaire a intérêt à l'existence de cette personne sur la tête de laquelle l'assurance repose; dans ce dernier cas, le transfert doit être approuvé par la Compagnie.

ART. 6. Les sommes dues par la Compagnie sont payées comptant et sans aucune retenue sur la remise de la police et des pièces justificatives, l'une desquelles constatera le genre de maladie ou d'accident qui aura causé le décès de l'assuré.

Art. 7. En cas de contestation entre l'assuré et la Compagnie sur l'exécution du contrat, elle est jugée par des arbitres choisis, l'un par la Compagnie, l'autre par l'assuré ou ses ayant-droit, et un troisième par les deux arbitres réunis.

S'il y a dissentiment entre les arbitres sur le choix du troisième, il est désigné par le président du Tribunal de commerce, ou à défaut, par le président du Tribunal de première instance, sur simple requête.

Les arbitres sont dispensés de toute forme judiciaire.

Formalités.

Les formalités à remplir pour arriver à l'accomplissement de la police d'assurance peuvent se résumer ainsi :

L'assuré remet une déclaration dont la formule imprimée lui est délivrée dans les bureaux de la Compagnie, et qui énonce ses noms, prénoms, profession, résidence, le lieu et la date de sa naissance, le montant et la durée de l'assurance. Cette déclaration est accompagnée de son acte de naissance.

L'assuré doit, en outre, se présenter devant le médecin attaché à la Compagnie.

Les frais de visite sont à la charge de l'assuré.

Celui qui propose une assurance sur la vie d'un tiers est tenu d'obtenir le consentement de ce dernier, et à cet effet, celui-ci doit se présenter dans les bureaux de la Compagnie ou de ses agens, et y signer son adhésion ou la donner dans une forme authentique.

Quand le montant de l'assurance est exigible du vivant de l'assuré, les conditions de la police et les formalités préalables sont encore plus simples; la Compagnie n'a pas à prévoir le cas où l'assuré mettrait sa vie en péril ou dissimulerait des infirmités graves ; ainsi l'article 3 de la police est superflu, et le certificat du médecin n'est plus nécessaire : la seule pièce à produire est l'acte de naissance.

Les rentes viagères sont également constituées par un acte fait double. La Compagnie n'exige d'autre pièce qu'un acte de naissance régulier, et elle ne prélève d'autres frais que trois francs pour le coût du contrat.

CHAPITRE VI.

ASSURANCES TEMPORAIRES.

L'*assurance temporaire* est un contrat par lequel une Compagnie s'engage à payer une somme au décès de l'*assuré*, toujours aux personnes qu'il aura désignées, si ce décès a lieu dans un intervalle déterminé d'un an, cinq ans, dix ans, ou de tout autre nombre d'années.

Si cette *assurance* est faite pour dix années par exemple et que, la dixième année expirée, l'*assuré* soit vivant, la Compagnie est libérée de son engagement et les primes qui lui ont été versées lui demeurent acquises en échange du risque qu'elle a couru.

EXEMPLE.

Un homme laborieux, qui exerce une profession lucrative ou qui est à la tête d'une entreprise avantageuse, se croit certain de créer, dans un temps donné, dans dix ans, par exemple, la fortune et le bien-être de sa famille. Mais il réfléchit que si la mort venait à le surprendre, il perdrait le fruit de ses travaux, et qu'il laisserait peut-être ses enfans dans une situation précaire. Pour prévenir ce malheur, il a recours à une *assurance temporaire.* Il fait assurer sur sa vie, pour une période de 10 années, une somme de quelque importance, soit 50,000 fr. S'il est âgé de 40 ans, il paiera annuellement une prime de 1,060 fr.

Or, de deux choses, l'une. Si notre assuré survit à cet espace de temps, il aura dépensé sans profit, il est vrai, une certaine somme; mais au bout de ces dix années, il aura sans doute réalisé ses espérances; ses talens ou son travail auront enrichi l'avenir de ses enfans. S'il meurt, au contraire, pendant cette même période, il leur laissera le bénéfice de son assurance, c'est-à-dire 50,000 fr., achetés par un paiement en primes qui n'aura pu excéder 9 à 10,000 fr. !

La personne qui s'assure pour cinq ans doit payer chaque année pendant cette période, et par chaque somme de 100, 1,000 *ou* 10,000 *fr. qu'elle veut laisser à son décès les primes suivantes :*

âge	*pour* 100 *fr.*		*pour* 1,000 *fr.*		*pour* 10,000 *fr.*
30	1 fr.	61 c.	16 fr.	10 c.	161 fr.
35	1	77	17	70	177
40	1	99	19	90	199
45	2	31	23	10	231
50	2	82	28	20	282

Assurance pour dix ans.

âge	*pour* 100 fr.	*pour* 1,000 fr.	*pour* 10.000 fr.
30	1 fr. 68 c.	16 fr. 80	168 fr.
35	1 86	18 60	186
40	2 12	21 20	212
45	2 53	25 30	253
50	3 15	31 50	315

CHAPITRE VII.

ASSURANCES DE SURVIE.

L'*assurance de survie* est un contrat par lequel une Compagnie s'engage à payer un capital ou à servir une rente à une personne désignée par l'*assuré*, mais seulement dans le cas où cette personne, qui doit avoir le bénéfice de l'assurance, survivrait à l'assuré.

EXEMPLE.

M. Laurent voulut laisser à sa femme, dans le cas où il mourrait avant elle, une somme de 20,000 fr. afin de lui garantir une position indépendante. Il s'adresa à une *Compagnie d'assurances* qui s'engagea à payer ce capital à sa femme, *si elle lui survivait*, à la charge par lui de payer annuellement une prime de 580 fr. Cette prime était calculée 1° sur l'importance du capital, 2° sur l'âge du mari qui avait alors 40 ans, 3° enfin, sur l'âge de la femme âgée de 30 années. Mme Laurent reçut au jour même du décès de son mari, et après l'accomplissement des plus simples formalités, les 20,000 fr. promis par la *Compagnie d'assurances.*

Si Mme Laurent, au profit de qui l'assurance avait été faite, fut morte avant son mari, la Compagnie eût acquis les primes qui lui auraient été versées, et toute obligation cessait de part et d'autre.

Un fils, seul appui de sa vieille mère, doit craindre de la laisser sans ressources s'il mourait avant elle. Quel plus noble emploi peut-il faire de ses économies que de contracter, au profit de sa mère, une *assurance de survie!* De quelle triste pensée ne sera-t-il pas délivré! Il a 30 ans et sa mère est parvenue à sa soixantième année; eh bien! qu'il paie annuellement une prime de 116 fr., il garantira à sa mère, pour le cas où l'ordre de la nature serait interverti, une rente viagère de 1,000 fr.

Telles sont les différentes formes sous lesquelles peuvent être faites les *assurances en cas de mort.*

Nous avons dit plus haut que toutes les classes de la société étaient appelées à jouir des avantages attachés aux *assurances sur la vie.* Les exemples ne nous manqueront pas à l'appui de cette opinion.

CHAPITRE VIII.

APPLICATIONS DIVERSES DES ASSURANCES EN CAS DE MORT.

Ce n'est pas assez pour nous de rappeler ici que l'objet essentiel de ces *assurances* est de donner à l'assuré les moyens de laisser une pension à sa veuve, un héritage à ses enfans ; nous devons encore rechercher quelles sont les personnes qui, par leur position, sont le plus intéressées à faire chaque année une économie de quelque centaines de francs pour la consacrer à une assurance.

Dans ce nombre se trouvent non seulement le père de famille qui travaille à sa fortune ou qui exerce un commerce, une industrie dont les résultats reposent sur sa tête, mais encore les avocats, les médecins, les hommes de lettres, les artistes, etc. ; les employés en activité ou en retraite, les pensionnaires de l'Etat, etc. ; les ouvriers, les journaliers, etc.

Avocats, Médecins, Hommes de lettres, Artistes. etc.

Les hommes qui exercent les professions libérales, qui n'ont aucun revenu fixe, et qui cependant entretiennent leur famille dans une aisance honnête, ne sont-ils pas exposés, s'ils mouraient prématurément, à laisser sans moyens d'existence leurs femmes, leurs enfans, ou à ne leur léguer qu'un médiocre héritage? Combien d'avocats, de médecins, d'artistes, d'écrivains, gagnent chaque année des sommes souvent élevées, qu'ils dépensent en entier, sans penser à en consacrer une faible partie à une assurance dont une veuve, dont un fils reconnaissans profiteraient un jour. Ils oublient donc la fragilité de notre vie ; ils ne calculent donc pas que leur talent est une valeur qui, à leur mort, échappe sans retour à leur famille ; ils ne vivent donc que pour eux, sans songer à ceux qui leur doivent survivre? Aussi que de familles, après avoir vécu honorablement, tombent dans la gêne, dans la misère même, alors qu'elles perdent leur chef, et cela parce que celui-ci n'a pas su prévenir pour les siens, par une *assurance sur sa vie*, cette misère et cette gêne.

Ainsi donc, vous tous qui n'avez pas de patrimoine ; vous qui jouissez d'un revenu qui doit cesser avec votre vie ; vous qui emporterez au tombeau votre travail, votre industrie, votre activité, vos talens, dont vivaient et vos familles et vous, semez vos économies sur le terrain fécond des assurances : vos héritiers en recueilleront les fruits en bénissant votre nom.

Employés. — Pensionnaires.

Les personnes qui vivent du produit d'une place, comme les employés en activité, d'une pension ou d'une rente viagère, comme les employés en retraite et les pensionnaires de l'Etat, sont loin de penser, en général, que moyennant un faible sacrifice annuel, ils peuvent laisser à leur mort un capital à leurs familles qui, peut-être, demeureraient sans ressources.

C'est aux employés, c'est aux pensionnaires de l'Etat à calculer le prélèvement qu'ils peuvent faire chaque année sur leurs appointemens ou sur la rente dont ils jouissent ; car dans le système des *assurances*, on admet toutes les sommes et toutes les sommes produisent. Avec une économie de 15 ou 20 fr. par mois (de 180 à 240 fr. par an) ils laisseront, pour le temps où ils ne seront plus, une assurance de plusieurs milliers de francs.

EXEMPLE.

Un employé qui, à l'âge de 40 ans, ferait *assu-*

rer sur sa vie une somme de 5,000 fr. n'aurait à payer chaque année, jusques à son décès, qu'une prime de 164 fr., c'est-à-dire ce qu'il dépense peut-être tous les ans sans utilité.

Ouvriers. — Journaliers.

Souvent à la mort d'un ouvrier sa famille est plongée dans la plus affreuse détresse, et obligée, pour vivre, d'implorer la charité publique. Les ouvriers sages et laborieux feront donc une bonne action, en même temps qu'ils accompliront un devoir, en épargnant chaque mois quelques francs pour assurer du pain à leurs veuves et aux enfans qu'ils pourraient laisser orphelins.

Nous savons que les Caisses d'épargne sont ouvertes aux classes laborieuses. Le Gouvernement, en propageant ces institutions, a développé l'amour du travail et de l'ordre ; « il » crée, comme on l'a dit, des capitalistes à la » place des prolétaires, et trouve des amis et » des défenseurs dans tous ceux dont les » Caisses d'épargne font valoir les écono- » mies. »

Toutefois les *Caisses d'épargne* ne vont pas au but que les *Compagnies d'assurances* se proposent d'atteindre. L'ouvrier qui place son argent à la Caisse d'épargne cherche à se créer une ressource pour les mauvais jours ou pour sa vieillesse. Celui qui fait une *assu-*

rance sur sa vie assure des moyens d'existence à *d'autres lui-même*. La Caisse d'épargne pourvoit aux besoins physiques de l'ouvrier ; les *assurances* satisfont aux besoins de son cœur. La Caisse d'épargne dit à l'ouvrier : *tu ne manqueras de rien* ; les Compagnies d'assurances disent à l'assuré : *ils ne manqueront de rien* ; et ce mot ILS désigne un père, une mère, une épouse, des enfans, tout ce qui réveille en nous les sentimens les plus tendres et les plus intimes. Pour mettre à la Caisse d'épargne, il suffit d'un simple calcul, d'un bon emploi de l'argent que la prévoyance conseille ; pour entretenir une assurance, on obéit à un élan de l'âme, on s'oublie soi-même pour ne penser qu'aux autres.

D'un autre côté, la Caisse d'épargne ne donne pas la même somme que la Compagnie d'assurance. La première est fidèle, et rend avec intérêt tout ce qu'elle a reçu ; la seconde est fidèle, et de plus libérale, car elle rend aux héritiers de l'assuré, au jour de son décès, une somme infiniment supérieure au montant des primes qui lui ont été payées.

Les Caisses d'épargne et les Compagnies d'assurances diffèrent donc dans les résultats qu'elles présentent, et cela se conçoit, puisque le *déposant* à la Caisse d'épargne et l'*assuré* ne sont pas guidés par la même pensée, par les mêmes intentions.

Ces deux Institutions cependant peuvent se prêter un mutuel appui. Que l'ouvrier, que l'artisan continuent à porter chaque semaine leurs économies à la Caisse d'épargne, puis, qu'à la fin de l'année, ils prélèvent sur la totalité de leur dépôtu ne somme destinée *à assurer* après eux un petit pécule à leur famille.

Si les artisans et les ouvriers suivent notre conseil, ils obtiendront un double avantage.

D'une part, en déposant leurs économies dans une Caisse d'épargne, ils auront quelque argent devant eux, et ils supporteront ainsi moins péniblement le manque de travail, les maladies passagères et les infirmités qu'un âge avancé amène trop souvent à sa suite.

D'une autre part, en employant une partie de leurs économies à *assurer sur leur vie* un capital quelque faible qu'il soit au profit de leurs femmes, de leurs enfans, ils auront, en mourant, la consolation de laisser après eux, au moins à l'abri de la misère, les plus chers objets de leur affection.

Les *assurances en cas de mort* reçoivent encore de nombreuses applications.

EXEMPLES.

Le marin avant d'entreprendre un long voyage,

avant de s'exposer aux dangers de la navigation ou à l'insalubrité d'un climat nouveau pour lui, songera que sa mort peut laisser sans moyens d'existence cette famille chérie qui reçoit peut-être ses derniers adieux. Aussi, dans sa prudence, n'exposera-t-il pas ses jours sans avoir fait une *assurance sur sa vie*; en d'autres termes, sans avoir obtenu la certitude que, s'il vient à périr, sa perte n'entraînera pas la ruine de ses enfans. « Si l'expédition que je tente, se dit-il, vient à réussir, je ne regretterai pas la prime d'assurance que j'aurai payée à une Compagnie ; les bénéfices de mon voyage couvriront, et au-delà, cette prime. Si je meurs, ma prévoyance portera ses fruits. »

M. Bardou, négociant, devait quitter Paris pour aller réaliser, dans diverses villes du continent, des opérations commerciales qu'il suivait depuis plusieurs années et auxquelles se rattachait tout l'avenir de sa famille. Quelques uns de ses amis lui firent sagement observer, avant son départ, que son absence devait être longue, qu'il pouvait mourir loin des siens, et que, si un semblable malheur arrivait, sa fortune serait compromise, peut-être même perdue pour ses enfans. Ils lui conseillèrent donc de conctracter une *assurance sur sa vie*, afin de garantir à sa famille, dans le cas où il mourrait, tout où partie de cette fortune. M. Bardou dédaigna ces avis ; il soutint que sa bonne santé rendait toute assurance inutile, et il partit. Six mois plus tard, une fièvre pernicieuse l'emportait en quelques jours, au moment où une crise commerciale déjouait ses calculs, ses espérances, et portait le coup le plus funeste à ses intérêts. Sa femme et ses enfans apprirent en même temps et sa mort et leur ruine presque complète. L'assurance que le chef de cette famille avait refusé de souscrire eût cependant aidé celle-ci à supporter la double catastrophe qui la frappait !

Les négocians, les armateurs, qui font des expéditions pour les pays d'outre-mer, en confient souvent la gestion à des personnes dont l'intelligence et le zèle sont nécessaires au succès de l'entreprise. Supposons maintenant qu'une de ces personnes meure avant d'avoir achevé sa mission, avant d'avoir vendu, par exemple, la cargaison d'un navire; l'armateur n'est-il pas exposé à perdre soit ses bénéfices, soit même une partie de ses capitaux? Pour être indemnisé de cette perte éventuelle, il peut faire une assurance à son profit sur la vie de celui qu'il aura chargé de ses intérêts, et cette assurance l'indemnisera de la perte que la mort de son mandataire peut lui faire subir.

Nous appelons sur l'exemple suivant l'attention des pères de familles, de ceux surtout qui marient leurs filles avec des négocians, des commerçans, et qui veulent les garantir des pertes que leur ferait éprouver la mort de leur époux.

M. Didier, en mariant sa fille avec M. Simon,

négociant, la dota de 50,000 fr., qui furent destinés à donner une nouvelle extension aux affaires de M. Simon, homme capable et d'une moralité certaine. Toutefois, M. Didier, convaincu que le commerce est soumis à des chances infinies, et que l'ordre et la bonne conduite ne préservent pas toujours un négociant de catastrophes ruineuses, fit assurer sur la vie de son gendre une somme de 50,000 fr. Cet acte de prévoyance ne devait pas être inutile. M. Simon, après plusieurs années prospères, éprouva successivement des pertes considérables; l'infidélité d'un de ses commis et la faillite de deux de ses principaux cliens achevèrent sa ruine. Lui-même ne survécut que peu de temps au désastre de sa fortune. Sa femme, après avoir perdu sa dot, se serait donc trouvée sans ressources si, à la mort de M. Simon, elle n'eût reçu de la Compagnie, qui avait contracté avec son père, les 50,000 fr. montant de l'assurance faite sur la vie de son mari.

Les capitalistes, les hommes riches, qui, par leur fortune, n'ont aucun souci à concevoir sur l'avenir de leur famille, sont néanmoins appelés à apprécier les ressources que les assurances portent en elles. Veulent-ils récompenser d'anciens serviteurs, faire des legs à des personnes qui leur sont chères, et cela sans nuire à leurs héritiers ; veulent-ils encore doter un hôpital, une église, un établissement de charité ; il leur suffit de contracter une assurance sur leur vie et de payer une prime qui se confond dans leurs dépenses annuelles. La somme que le paiement de ces primes doit produire après eux ne se trouvera-t-elle pas, en quelque sorte, en dehors de leur succession? Ces assurances en cas de mort favorisent donc des actes de bienfaisance, de piété, et permettent à l'homme riche, en consacrant à une assurance de cette nature une faible part de ses revenus, de rattacher son nom à quelque fondation pieuse, à quelque œuvre utile.

Les *assurances en cas de mort*, telles que nous venons de les considérer, ne profitent pas aux assurés. Ils n'en retirent, même *indirectement*, aucun bénéfice personnel; elles ne doivent leur procurer, pour tout avantage, que la satisfaction qui résulte de l'accomplissement d'un devoir. C'est ce que nous avons cherché à prouver par les exemples que nous avons cités.

Il arrive souvent, au contraire, que les *assurances en cas de mort* rendent à l'assuré un service *direct*, quoique ce soit une autre personne qui recueille, en définitive, les fruits de l'assurance, c'est-à-dire qui touche la *somme assurée*.

Le chapitre suivant fera connaître les principales transactions que favorise ce mode d'*assurance en cas de mort*.

CHAPITRE IX.

APPLICATIONS DIVERSES DES ASSURANCES EN CAS DE MORT.

(*Suite et fin.*)

7° *L'assurance en cas de mort*, qui, comme nous venons de le dire, est conçue dans l'intérêt de celui qui la souscrit, bien qu'elle soit, en définitive, profitable à une autre personne, sert d'abord à donner des garanties à un prêteur, à un créancier.

EXEMPLES.

Un notaire, un avoué qui achètent une charge ont souvent besoin pour en payer le prix de recourir à un emprunt dont ils se libèrent annuellement sur les bénéfices de leur profession. Supposons qu'un de ces officiers publics veuille emprunter ainsi pour huit années une somme de 200,000 fr. Quels que soient son talent et sa probité, quelle garantie, s'il n'a pas de fortune, donnera-t-il à la personne qui, pleine de confiance en lui, serait disposée à lui prêter cette somme, mais qui pourrait craindre seulement que son débiteur ne mourût avant d'avoir acquitté sa dette? Eh bien, l'emprunteur offrira une garantie réelle en contractant une assurance sur sa vie au profit du capitaliste qui avancera les 200,000 fr. En effet, une fois l'assurance (1) contractée, si notre officier public meurt avant de s'être complétement libéré, la *Compagnie d'assurance,* mise à son lieu et place par le contrat qu'elle aura signé, remboursera le capitaliste.

Un fabricant, pour donner un nouvel essor à son industrie, veut emprunter 20,000 fr. pour cinq années, convaincu qu'à l'expiration de ce temps il pourra rembourser cette somme sur les bénéfices qu'il aura réalisés; mais cet homme ne présente pour toute sûreté que sa moralité et le talent qui le distingue dans sa profession. S'il meurt avant d'avoir remboursé les 20,000 fr. qu'il emprunte, son industrie meurt avec lui, et le prêteur est exposé à perdre une partie de ses capitaux. Celui-ci demande donc que ses avances soient garanties par une assurance *temporaire*, souscrite à son profit par le fabricant. Si l'homme qui fait cet emprunt a 40 ans et que le capital de 20,000 ait été prêté pour 5 ans, la prime annuelle à sa charge sera de 398 fr.

(1) L'emprunt étant fait pour huit années, l'assurance qui embrassera le temps nécessaire pour la libération totale, sera une *assurance temporaire.* (Voir chapitre VI, parag. 2e.)

On voit par les précédens exemples que, bien que l'*assurance* soit consentie au bénéfice de la personne qui livre ses capitaux, elle n'en rend pas moins service à l'assuré.

Ce mode d'*assurance en cas de mort* peut encore donner, avons-nous dit, des garanties à un créancier.

EXEMPLE.

Etes-vous créancier d'un débiteur qui soit dans l'impossibilité de rembourser une somme de quelque importance que vous lui auriez prêtée, mais qui puisse au moins acquitter annuellement une prime d'assurance? faites appel à sa loyauté; demandez-lui de souscrire à votre profit un contrat d'assurance, de telle sorte que grâce à ce titre, vous puissiez rentrer à sa mort dans le montant de votre créance. Un homme âgé de 35 ans qui devrait 50,000 fr., assurerait à son créancier le remboursement de cette somme en consentant à payer annuellement une prime de 1,420 fr. S'il peut s'imposer ce sacrifice et s'il est de bonne foi, hésitera-t-il à se libérer ainsi?

L'héritier d'une grande fortune a contracté des engagemens qu'il ne peut remplir. C'est vainement qu'il invoque l'opulente succession qui doit lui être un jour dévolue; car, s'il venait à mourir avant la personne dont il doit hériter, ses créanciers perdraient leurs droits sans retour et d'une manière absolue. Ceux-ci ont donc besoin d'une garantie plus réelle; ils l'obtiendront soit en exigeant que leur débiteur souscrive une *assurance sur sa vie* à leur profit, soit en contractant eux-mêmes à leur bénéfice une *assurance sur la vie* de ce débiteur, dont le *consentement*, dans ce dernier cas, *est au surplus nécessaire*.

Les agens d'affaires, qui, à ce titre, avancent des fonds sur rentes et pensions, agiront prudemment en faisant *assurer* leurs déboursés *sur la vie* du rentier ou du pensionnaire. Le revenu viager dont ceux-ci jouissent s'éteint à leur mort, et sans une assurance faite sur la vie de ses cliens et avec leur consentement, l'agent d'affaires serait exposé à perdre au jour de leur décès l'argent qui ne lui aurait pas encore été remboursé.

L'exemple suivant prouvera qu'à l'aide d'une *assurance sur la vie* on peut faire un placement solide en achetant une rente viagère.

M. Durand, possesseur d'une rente viagère de 1,200 fr., veut vendre cette rente. M. David la lui achète moyennant une somme de 12,000 fr., par exemple, et devient immédiatement propriétaire de la rente de 1,200 fr.; mais celle-ci s'éteignant à la mort de M. Durand, M. David perdrait tout à la fois par cet événement et la rente qu'il a acquise et les 12,000 fr. qu'il a dépensés pour cette acquisition. Pour garantir le capital déboursé que fera M. David ? il contractera une *assurance sur la vie* de M. Durand pour une somme égale à ce capital ; et pendant l'existence du rentier viager, il percevra à titre d'intérêt la différence qui existera entre la rente qu'il aura achetée et la prime d'assurance qu'il payera à une Compagnie.

Supposons donc que M. Durand ait 46 ans, M. David devra payer jusqu'à la mort du rentier viager une prime annuelle de 480 fr. (1). Il ne jouira plus, à la vérité, que de 720 fr. de rente, ce qui représentera l'intérêt à 6 p. 0|0 des 12,000 fr. employés, mais au décès de M. Durand, il rentrera par le fait de son assurance, dans ces 12,000 fr.

Loin de nous la pensée d'analyser ici les ingénieuses combinaisons qui se groupent autour des *assurances en cas de mort*, soit que l'assurance ne profite qu'à la veuve de l'assuré, à ses enfans, à sa famille, ou ne réponde qu'aux besoins de son affection et de sa reconnaissance ; soit que l'assurance, ainsi que nous venons de le démontrer dans le courant de ce Chapitre, soit conçue dans l'intérêt de l'assuré. Aussi terminerions-nous ici la première partie de notre travail, si nous n'avions encore à considérer les *assurances en cas de mort* dans leurs rapports avec les *reprises dotales* et les *successions éventuelles*.

Reprises dotales.

M. Benoît se marie avec Mlle Louvet, qui lui

(1) En nombre rond. La prime réelle serait de 481 fr. 20 c.

apporte une dot de 20,000 fr. On sait que les parens de la femme, si elle vient à mourir sans survenance d'enfans, peuvent réclamer au mari la dot qu'il aura touchée, et, ainsi qu'on le dit, exercer contre lui des *reprises dotales*. Après huit années de mariage, M. Benoît n'ayant pas eu d'enfans, songea que la dot de sa femme était depuis longtemps engagée dans ses affaires ; que si plus tard il était appelé à rendre les 20,000 fr. qui constituait cet apport, un semblable remboursement pourrait être pour lui la cause de graves embarras, d'une gène momentanée ou la source de pénibles discussions. Aussi, pour parer à cet événement imprévu, pour s'affranchir de cette responsabilité, il s'adressa à une Compagnie d'assurance, et fit assurer, à son profit, sur la vie de sa femme, dans le cas où celle-ci mourrait avant lui, un capital équivalent à la dot qu'elle avait reçue en mariage, et qu'il pourrait être un jour appelé à restituer.

M. Benoît ayant alors atteint l'âge de quarante ans, et sa femme ayant trente ans, la prime annuelle s'éleva à 382 fr. pour un capital de 20,000 f.

Successions éventuelles.

Une assurance enfin nous permet quelquefois de rendre certains pour nous les résultats d'une succession qui n'est encore qu'éventuelle ; c'est-à-dire, et pour mieux nous faire comprendre, qu'une assurance peut nous garantir un héritage que nous attendons, il est vrai, mais dont un fait indépendant de notre volonté nous priverait.

EXEMPLE.

PAUL doit hériter de 50,000 fr. de Pierre, si Pierre survit à Jacques; dans le cas contraire, PAUL n'hérite pas. Voilà donc PAUL, la partie intéressée, placée en présence d'une succession qui peut lui advenir, mais qui peut aussi lui échapper par suite d'un événement qu'il ne saurait empêcher, par la mort de Pierre. Eh bien! que PAUL fasse assurer sur la vie de Pierre et de Jacques les 50,000 fr. qu'il attend dans cette succession; qu'il suppose lui-même que Pierre mourra avant Jacques, et que dès-lors ses prétentions à l'héritage cesseront d'exister. Or, quelle sera désormais la position de PAUL assuré? Ou il héritera directement et par ce seul fait que Jacques mourra avant Pierre, et les primes qu'il aura payées seront bien compensées par la succession qu'il recevra; ou il n'héritera pas, et alors il sera dédommagé par le contrat d'assurance qu'il aura souscrit.

Si Pierre et Jacques sont tous les deux âgés de quarante ans, la prime annuelle que PAUL devra payer pour recevoir de la Compagnie d'assurances le capital de 50,000 fr. au cas où Pierre mourrait avant Jacques, sera de 1,345 fr. (2 fr. 69 c. pour 100 fr.).

Les *assurances en cas de mort* sont encore susceptibles d'autres applications ; mais comme celles-ci se présentent dans la pratique moins fréquemment que celles que nous venons d'indiquer, nous terminerons ici les explications que nous nous proposions de donner sur cette nature d'*assurances*.

Avant de passer à l'analyse des *assurances en cas de vie*, qui forment, ainsi que nous l'avons dit au Chapitre II, la seconde classe des assurances, nous chercherons à faire comprendre par quelles simples combinaisons les *Compagnies* peuvent tenir les engagemens qu'elles prennent envers l'assuré.

CHAPITRE X.

COMMENT LES COMPAGNIES D'ASSURANCES PEUVENT REMPLIR LES ENGAGEMENS QU'ELLES CONTRACTENT.

Nous avons dit, en exposant les différentes combinaisons auxquelles se prêtent les *assurances en cas de mort*, que les Compagnies rendent aux héritiers de l'assuré des sommes « *hors de toute proportion* » avec les primes que cet assuré peut avoir payées jusques à sa mort. Il nous reste à expliquer par quel mécanisme, si nous osons nous exprimer ainsi, les *Compagnies d'assurances* peuvent se montrer si libérales.

Les capitaux que les Compagnies paient à la mort des assurés ne proviennent que du montant des primes versées par ceux-ci et des intérêts accumulés que le placement des primes produit.

Maintenant comment une *Compagnie* peut-elle donner 10,000 fr., par exemple, aux héritiers d'un assuré qui, ayant contracté une assurance à 50 ans, n'aura peut-être versé à sa mort, dans la caisse de la compagnie que quatre ou cinq primes de 249 fr. (1) (soit 996 fr. ou 1,245 fr.) ? C'est que d'autres assurés, dépassant le terme moyen de la vie, paient en primes jusqu'à leur décès, une somme supérieure à celle qu'ils se proposent de laisser après eux. La Compagnie, dans ce cas, reçoit de ses assurés plus d'argent qu'elle ne doit en rembourser à son tour ; elle est donc en possession d'un excédant. Or, cet excédant sert précisément à combler la différence qui existe entre la faible somme que certains assurés, morts prématurément, auront payée en primes et le capital que la Compagnie a garanti.

L'on voit par ce qui précède que les *Compagnies d'assurances* ne remplissent que le rôle de répartiteur, réunissant en un fonds commun toutes les primes qu'elles touchent, les intérêts de ces primes, et payant aux héritiers des assurés, entrés ainsi dans une espèce d'association, un capital fixé par le contrat d'assurance.

Toutefois, la *Compagnie du Phénix*, qui a introduit dans le système des *Assurances sur la vie* tous les perfectionnemens que les *Compagnies anglaises* ont depuis long-temps

(1) Voir l'exemple cité page 8.

adoptés, ne se borne pas à ce simple rôle; elle répond en outre aux sacrifices que plusieurs classes d'assurés s'imposent en accordant à ceux-ci, sous le titre de **PARTICIPATION**, une large part dans les bénéfices qu'elle réalise, bénéfices légitimes que nous regardons comme une des meilleures garanties qu'une Compagnie puisse présenter aux assurés.

IIe DIVISION.

CHAPITRE XI.

DES ASSURANCES EN CAS DE VIE.

Nos lecteurs n'auront point oublié la division que nous avons établie au Chapitre II entre les *Assurances en cas de mort* et les *Assurances en cas de vie*. Ils se rappelleront que ces dernières profitent directement à la personne de l'assuré ; que l'engagement de la Compagnie qui assure n'a d'effet que de son vivant ; tandis que les *Assurances en cas de mort*, toujours subordonnées à la condition du décès de l'individu assuré, ne peuvent profiter qu'à ses héritiers, légataires, etc. Aussi avons-nous cherché à démontrer, dans le cours des explications qui précèdent, que les pères de famille devaient rechercher particulièrement s'ils étaient guidés par une sage prévoyance, les *Assurances en cas de mort.* Quant aux célibataires qui veulent augmenter leurs ressources pour l'avenir et trouver pour leurs épargnes un placement fructueux et certain ; quant aux époux sans postérité, qui désirent doter leur vieillesse de plus d'aisance, c'est aux *Assurances en cas de vie* qu'ils demanderont ces avantages.

Occupons-nous donc de celles-ci, nous réservant de faire connaître plus tard une combinaison qui participe à la fois des deux natures d'assurance que nous avons indiquées, puisqu'elle fait subsister l'obligation contractée par la Compagnie pendant la *vie* ou après la *mort de l'assuré.* C'est ce que nous nommerons une *Assurance à terme fixe.*

CHAPITRE XII.

DES RENTES VIAGÈRES.

Observations préliminaires.

De toutes les *Assurances en cas de vie*, la plus connue est la constitution de *rentes viagères*, c'est-à-dire payables pendant la durée de la vie. Le rentier, faisant dans cette opération l'abandon complet du capital qu'il possède en échange de la rente qu'on lui sert, obtient nécessairement un intérêt plus élevé que s'il faisait valoir le même capital en en conservant la propriété. Ce placement en viager est ce qu'on appelle vulgairement un placement à fonds perdu.

Les *rentes viagères* comportent plusieurs systèmes; avant de les exposer, nous examinerons s'il n'est pas plus avantageux pour les rentiers d'effectuer ces placemens dans des *Compagnies d'assurances sur la vie* que chez des particuliers.

On croit généralement qu'une hypothèque (1) est la meilleure garantie pour une opération de cette nature.

Cette opinion soulève de graves objections.

On ne peut mettre en doute qu'une hypothèque en ordre utile sur une propriété d'une valeur considérable ne soit une grande sûreté pour le rentier qui place ses fonds sur un particulier. Cette garantie, cependant, n'est-elle pas trop souvent illusoire ? Tantôt c'est une hypothèque antérieure, une reprise dotale, cachées avec soin par celui qui reçoit les capitaux du rentier, et qui viennent absorber le gage de celui-ci ; tantôt c'est la propriété qui se détériore, et qui devient insuffisante pour assurer la solidité du placement. Admettons maintenant que l'hypothèque soit valablement assise sur un immeuble en bon état ; qui répondra au rentier de la solvabilité, de la bonne foi de son débiteur ? Frustré dans ses droits, le rentier, dira-t-on, aura la ressource d'un procès en expropriation ; triste ressource, en vérité, que celle qui se traduit en frais à avancer, en temps à perdre ! Le rentier sera-t-il d'ailleurs en mesure de faire face à ces frais ? Pourra-t-il supporter la privation de son revenu jusqu'à l'issue d'une longue action

(1) L'hypothèque est un droit réel sur les immeubles affectés à l'acquittement d'une obligation. (Code civil, art. 2114.)

judiciaire? Ces débats, ces contestations ne troubleront-ils pas, en tous cas, la vie paisible que recherchent avant tout les rentiers viagers, qui se composent en général de personnes âgées.

Dans les *Compagnies d'assurances sur la vie*, les rentiers viagers sont tout-à-fait à l'abri de semblables incertitudes; c'est ce que prouvera l'examen des garanties morales et matérielles que ces Compagnies présentent, examen auquel nous nous livrerons plus loin.

Le rentier qui s'adresse à des particuliers obligés de débattre le taux de l'intérêt, obtient rarement des conditions en rapport avec son âge. Dans les Compagnies, le taux de l'intérêt est indiqué, pour chaque âge, par des tarifs que nous reproduirons.

L'exactitude dans le paiement des intérêts est, pour le rentier viager, après la solidité du placement, une condition essentielle. Dans les Compagnies, le paiement des rentes n'est sujet à aucune interruption, à aucun retard. Il a lieu à jour fixe. Celui qui consent, au contraire, à hypothéquer sa propriété pour contracter un emprunt est souvent obéré; voudra-t-il, ou pourra-t il toujours, s'il est absent, par exemple, servir régulièrement aux échéances les portions de la rente dont il est redevable?

Enfin, on ne peut nier que le rentier viager n'éprouve un sentiment pénible à contracter avec une personne pour laquelle son existence est une charge onéreuse, et qui lui reprochera en quelque sorte chaque année nouvelle qui s'ajoutera à sa vie. En traitant avec une Compagnie, le rentier est affranchi de cette répugnance. Les Compagnies n'opérant que sur des masses, ne connaissant même pas leurs rentiers, n'ont point à désirer la mort de tels ou tels individus. Elles attendent patiemment que les lois de la nature s'accomplissent. Peu leur importe que des rentiers viagers jouissent d'une longue vie, puisque la mort prématurée d'autres rentiers compensera pour eux cette chance défavorable.

Nous pensons donc, en résumé, que les rentiers devront donner aux Compagnies la préférence sur les placemens hypothécaires.

Ces considérations une fois posées, suivons les *rentes viagères* dans les modifications qu'elles peuvent subir.

CHAPITRE XIII.

DES RENTES VIAGÈRES.

Suite et fin.)

Nous diviserons les *rentes viagères* en trois classes :

Les rentes viagères pures et simples.

Les rentes viagères constituées sur deux têtes.

Les rentes viagères différées.

I.

Rentes viagères.

La *rente viagère* proprement dite est celle qui, en conformité du tarif qui va suivre, se paie chaque semestre au rentier qui a versé un capital dans la caisse d'une *Compagnie d'assurances.*

Voici le tarif de l'intérêt que produit au rentier, d'après son âge, chaque somme de

100 fr. qu'il place viagèrement avec abandon à la Compagnie des arrérages dus à son décès (1) :

AGE du rentier.	RENTE d'un placement de 100 fr.	AGE du rentier.	RENTE d'un placement de 100 fr.	AGE du rentier.	RENTE d'un placement de 100 fr.
ANS.	fr. c.	ANS.	fr. c.	ANS.	fr. c.
41	6 . 22	54	8 . 19	68	11 . 47
42	6 . 32	55	8 . 40	69	11 . 73
43	6 . 44	56	8 . 60	70	12 . »
44	6 . 56	57	8 . 84	71	12 . 25
45	6 . 69	58	9 . 07	72	12 . 51
46	6 . 83	59	9 . 28	73	12 . 80
47	6 . 98	60	9 . 51	74	13 . 03
48	7 . 13	61	9 . 74	75	13 . 31
49	7 . 30	62	9 . 95	76	13 . 57
50	7 . 46	63	10 . 16	77	13 . 83
51	7 . 62	64	10 . 41	78	14 . 13
52	7 . 80	65	10 . 68	79	14 . 47
53	7 . 99	66	10 . 94	80	14 . 89
		67	11 . 20		

Il ne faut pas conclure du tableau qui précède que le rentier qui contracte avec une Compagnie à l'âge de 41 ans et qui reçoit

(1) Les taux d'intérêt ci-dessous éprouveraient une légère diminution si le rentier désirait réserver à ses héritiers les arrérages qui seraient dûs à son décès.

d'elle un intérêt de 6 fr. 22 c. pour 100 fr., recevra un intérêt plus élevé à mesure qu'il avancera en âge. Le rentier touche pendant toute sa vie l'intérêt attribué à l'âge qu'il avait au moment où il stipulait qu'une *rente viagère* lui serait payée en échange de son capital.

On voit, d'après le tarif ci-dessus, que, moyennant le paiement d'une somme de 20,000 fr., qui ne rapporte ordinairement que, **QUATRE** pour cent, c'est-à-dire **HUIT CENT** fr., une *Compagnie d'assurances* sert une rente de :

1396 fr. à celui qui s'assure à	47	ans soit	7	0/0
1598 —	53	—	8	0/0
1814 —	58	—	9	0/0
2032 —	63	—	10	0/0
2240 —	67	—	11	0/0
2450 —	71	—	12	0/0
2662 —	75	—	13	0/0

Cette *rente viagère* n'existe que sur la personne du rentier, et celui-ci une fois mort la Compagnie est libérée de la rente qu'elle servait.

II.

Rentes viageres constituées sur deux têtes (1).

La *rente viagère* peut être constituée *sur deux têtes*, c'est-à-dire qu'elle revient soit en totalité, soit en partie, suivant la stipulation faite avec la Compagnie, à celui des deux rentiers qui survit à l'autre. Cette opération convient à deux époux sans enfans, à deux frères, à deux sœurs, à deux amis. Ils jouissent ensemble de la rente qu'ils se sont créée et le survivant continue à recevoir cétte rente.

EXEMPLE.

M. et Mme Dubois ayant atteint, le mari l'âge de soixante ans et la femme l'âge de cinquante ans, placèrent une somme de 30,000 fr. afin d'obtenir une rente viagère constituée sur leurs deux têtes. Tant qu'ils vécurent, ils eurent, en raison de l'âge où ils étaient parvenus, la jouissance d'une rente de 1,980 fr. Mme Dubois vint à mourir quelques années après cet arrangement; M. Dubois continua à recevoir jusqu'à son décès, de la *Compagnie d'assurances* qui avait encaissé les 30,000 fr., la totalité de la rente.

(1) Dans les exemples indiqués dans ce paragraphe, nous avons supposé les rentes viagères faites avec abandon à la Compagnie des arrérages dus au décès l'assuré.

Un vieillard que nous appellerons M. Marchand, et qui n'avait après lui aucun héritier direct, voulut récompenser son serviteur Georges, qui, depuis vingt années, l'avait environné des soins les plus dévoués, en lui laissant une pension viagère de 600 fr. A cet effet, M. Marchand constitua une rente de pareille somme sur leurs deux têtes. En s'en réservant la jouissance jusqu'à son décès, il en assura la réversibilité sur Georges. Pour acquérir, sous cette condition, une rente viagère de 600 fr., M. Marchand dut payer un capital de 8,498 fr., étant arrivé à l'âge de 70 ans et Georges se trouvant dans le cours de sa cinquante-unième année (1).

Les bienfaisantes intentions du maître s'accomplirent, et il mourut dans les bras de son serviteur avec la douce pensée que Georges était désormais à l'abri du besoin.

On voit par les deux exemples qui précèdent que la *Compagnie d'assurances* n'est affranchie du service de la rente qu'elle s'est engagée à fournir que par la mort des deux titulaires. On comprend dès lors que la Compagnie, dont les charges augmentent, exige un capital plus élevé pour une rente de 1,500 fr., par exemple, constituées sur deux têtes, que pour la même rente de 1,500 fr., qui s'éteindrait à la mort d'une seule personne.

(1) L'âge des deux rentiers viagers sert toujours de base à la fixation du revenu que doit produire un capital une fois payé.

III.

Rentes viagères différées (1).

La *Rente viagère différée* est celle qui est constituée de manière à ce que la jouissance n'en commence qu'après un certain nombre d'années. Cette combinaison donne des résultats très avantageux.

Ainsi une personne qui verse un capital pour obtenir une *rente viagère* trouve souvent insuffisant le taux de l'intérêt attribué à son âge ; elle souhaite un revenu supérieur à celui que la Compagnie lui paierait immédiatement aux termes de ses tarifs. Pour obtenir de son capital l'intérêt qu'elle désire, il suffit à cette personne de ne pas recevoir sa rente pendant un petit nombre d'années, et cette rente, replacée elle-même en viager, lui fait obtenir bientôt l'intérêt plus élevé qu'elle voulait avoir.

Ces *Rentes viagères différées* conviennent aux personnes d'un âge peu avancé qui, vivant de leur travail ou de leur industrie, peuvent se priver de leurs rentes pendant un certain nombre d'années. Elles en augmentent

(1) Dans les exemples contenus dans ce paragraphe troisième, nous avons supposé que les rentes viagères étaient faites avec réserve pour les héritiers de l'assuré des arrérages qui seraient dus à son décès.

alors considérablement l'importance pour le temps où elles veulent en jouir.

EXEMPLE.

Un homme de 30 ans qui placerait 1,000 francs en viager dans l'intention de ne toucher sa rente que dans quelques années, obtiendrait :

Après	10 ans d'attente	une rente viagère de	96 f.
—	15	—	131
—	20	—	185
—	30	—	417
—	40	—	1,013

Un des avantages que présentent les *rentes viagères différées*, c'est qu'elles peuvent être constituées aussi bien par le paiement de primes annuelles que par le versement d'un capital. Le futur rentier n'est pas même astreint à des versemens réguliers. Chaque somme qu'il place lui assure une petite rente, et au bout de quelques années, s'il veut entrer en jouissance, toutes ces portions de rentes réunies lui constituent un certain revenu.

EXEMPLES.

Un homme âgé de 30 ans, qui placerait chaque année 100 francs pendant une période de 10, 15, 20, 30 ou 40 années, sans toucher la rente produite par ces placemens successifs, obtiendrait

Après 10 ans d'attente une rente viagère de		78
— 15	—	146
— 20	—	249
— 30	—	691
— 40	—	1,852

Un employé, âgé de 30 ans environ, qui économiserait 20 francs par mois et qui les verserait dans la caisse d'une *Compagnie d'assurances sur la vie* aurait droit après 20 ans à une rente de 597 fr.; après 30 années cette rente s'élèverait à 1658 francs. Il jouirait donc à 60 ans d'une retraite assurée.

Les ecclésiastiques peuvent, par ce même mode de placement, se créer des ressources précieuses pour l'époque où ils seront forcés par l'âge et les infirmités de se démettre de leurs fonctions, l'Etat cessant alors de pourvoir à leurs besoins. Qu'un ecclésiastique paie chaque année, depuis l'âge de 50 ans, une prime de 144 fr. 70 c., il se sera constitué pour l'âge de 60 ans un revenu viager de 1,000 francs.

CHAPITRE XIV.

ASSURANCES DIFFÉRÉES.

Les *Compagnies d'assurances sur la vie* ne se bornent pas à garantir des rentes viagères; elles s'obligent encore, par un contrat qui prend le nom d'*Assurance différée*, à payer à une échéance fixe une somme déterminée, si celui qui place pour obtenir cette somme ou sur la tête duquel on place est *vivant* à l'époque indiquée dans le contrat.

Dans ce cas, la Compagnie devient pour l'assuré une sorte de caisse d'épargne qui lui rend son capital primitif augmenté non seulement des intérêts, mais encore de la part des assurés décédés avant le terme convenu entre eux et la Compagnie.

EXEMPLE.

Un homme de 30 ans, qui fait de cette manière un placement unique de 1,000 fr., obtient :

Après	10 ans	1576 fr.	ou une rente viagère de	96 f.
—	15	1977	—	131
—	20	2514	—	185
—	30	4150	—	417

S'il place, à partir du même âge, 100 fr, par an, il obtient :

Après	10 ans	1295 f.	ou une rente viagère de	78 f.
—	15	2198	—	146
—	20	3378	—	249
—	30	7353	—	691

L'*Assurance différée* pouvant être contractée soit par un paiement unique, soit par des primes annuelles, cette opération permet aux personnes économes de faire fructifier les épargnes qu'elles pourraient prélever sur leurs appointemens ou sur le prix de leur travail.

Ces assurances, qui paraissent d'abord s'adresser plus particulièrement aux célibataires, présentent encore aux pères de famille le moyen sûr et facile de pourvoir à l'établissement de leurs enfans. Aussi consacrerons-nous le paragraphe suivant aux ASSURANCES SUR TÊTES D'ENFANS.

De quels beaux rêves n'entoure-t-on pas le berceau d'un nouveau-né? Quels projets l'heureux père ne forme-t-il pas pour l'avenir de son enfant? A peine celui-ci entre-t-il dans la vie, on pense à son établissement, à sa dot, à son exemption du service militaire. Pour faire face à ces exigences, on se propose de mettre en réserve une somme disponible, de placer périodiquement quelques économies : puis, ces premières impressions s'effacent, on ajourne, on finit par négliger l'éxécution de ces beaux plans, et quand l'âge du recrutement arrive, quand il faut doter une fille, créer à un jeune homme une position dans le monde, on s'impose des sacrifices souvent pénibles. Le père de famille sage et prudent échappera à cette destinée trop commune en demandant à une Compagnie, moyennant un capital une fois versé, ou moyennant une prime annuelle, une somme exigible quand son enfant atteindra, par exemple, sa vigtième année.

EXEMPLE.

Si le père verse dès la naissance de l'enfant une somme de 3,536 fr. ou s'il s'engage à payer annuellement une prime de 328 fr.., il lui assure une somme de 10,000 fr. payable à l'âge de 18 ans accomplis.

Il lui assure la même somme de 10,000 fr. pour l'âge de 20 ans ou 21 ans accomplis en payant dans le premier cas une somme de 3,171 fr. ou une prime annuelle de 292 fr. — Dans le second cas, une somme de 3,034 fr. ou une prime annuelle de 274 fr.

Cette opération sera surtout avantageus

si on souscrit l'assurance dès le moment de la naissance de l'enfant.

Le fait suivant, que nous allons citer, fera tomber sans doute une objection qui serait de nature à empêcher le père de famille de contracter une *assurance différée* sur la tête de son enfant, si les compagnies, prévoyant cette objection, n'y avaient pas répondu par une combinaison aussi ingénieuse que favorable.

M. Brémont venait d'être père. Dans son désir de pourvoir par avance à l'avenir de son fils et de lui assurer pour sa majorité (21 ans) une somme de 20,000 francs, sa première pensée fut de recourir à une *Compagnie d'assurances sur la vie.* Toutefois, comme M. Brémont ne pouvait pas payer immédiatement la somme de 6,068 fr. que la Compagnie lui demandait pour assurer cette somme de 20,000 francs, il fallait qu'il acquittât annuellement une prime de 548 fr. Mais une crainte l'arrêta. Si je viens à mourir, se dit-il, avant l'échéance du contrat, ma famille, mes héritiers, chargés après moi du service de la prime, l'acquitteront-ils toujours exactement? S'ils négligent ou s'ils sont hors d'état de satisfaire au paiement successif des primes, le fruit de ma prévoyance sera perdu pour mon enfant. Par suite de cette réflexion, M. Brémont eût peut-être renoncé à l'assurance qu'il projetait, s'il n'avait ap-

pris qu'il pouvait assurer, sur sa propre existence, la prime annuelle qu'il avait à payer ; de telle sorte que s'il mourait prématurément, la Compagnie *n'aurait plus rien à recevoir*, et demeurerait néanmoins tenue d'acquitter, à la majorité de son fils, les 20,000 fr. stipulés dans le contrat d'assurance. Pour obtenir cet avantage, M. Brémont n'eut à payer qu'une légère augmentation de prime calculée en raison de son âge combiné avec celui de l'enfant.

M. Brémont avait trente ans, son fils venait de naître : la prime qu'il convint de payer s'éleva à 680 fr. par an.

☞ Il est donc vrai de dire que les *assurances sur la vie* ne laissent aucune combinaison insoluble, et facilitent à la prévoyance le moyen d'atteindre sûrement son but.

Le père de famille qui crée ainsi, par une *assurance différée* sur la tête de son enfant, le capital qui devra pourvoir un jour à son établissement, à sa dot, etc., se place dans une position meilleure que s'il se contentait, pour obtenir le même résultat, de mettre chaque année en réserve quelques économies. En effet, des circonstances imprévues, l'entraînement des affaires, la satisfaction d'un caprice forceraient peut-être ce père de famille à entamer d'abord, pour les absorber ensuite, les épargnes qu'il aurait amassées et laissées à sa disposition. Si, au contraire, il a contracté une assurance, il paiera exactement chaque prime annuelle pour ne pas perdre le fruit de celles qu'il aura déjà versées. La Compagnie d'assurances devient ainsi pour lui un dépositaire plus sûr que lui-même.

CHAPITRE XV.

ASSURANCES A TERMES FIXES.

Nous avons dit, dans un Chapitre précédent, que cette assurance participait tout à la fois des *Assurances en cas de vie* et des *Assurances en cas de mort*. En effet, la Compagnie prend, dans cette espèce d'assurance, l'engagement *absolu* de payer, à une époque fixe, un capital déterminé à l'assuré ou à ses héritiers. L'assuré acquitte, de son vivant, une prime convenue ; mais, s'il meurt avant l'échéance du contrat, la prime cesse d'être due, et l'obligation de la Compagnie de payer le capital stipulé à l'époque arrêtée n'en existe pas moins.

EXEMPLE.

M. Lejeune se propose, à l'âge de trente ans, d'obtenir dans vingt ans une somme de 10,000 fr. il souscrit une *assurance à terme fixe*, et s'engage à payer une somme annuelle de 389 fr., prime

toujours calculée sur son âge et sur le capital que la Compagnie garantit. Or, deux cas doivent infailliblement se présenter. Si M. Lejeune ne paie sa prime que pendant cinq ans, que pendant dix ans, il aura fait un placement très avantageux pour sa famille, car il n'aura dépensé qu'une somme fort modique, et néanmoins il laissera à ses héritiers le capital *assuré tout entier*, capital exigible seulement à l'époque convenue; mais pour lequel on ne paiera désormais aucune prime. Si M. Lejeune vit au contraire pendant vingt ans, c'est-à-dire jusqu'au terme du contrat, il recevra lui-même, pour les 7,780 fr. qu'il aura placés par petites sommes (389 fr. par an), un capital de 10,000 fr.

Cette combinaison a, sur toutes les autres, l'avantage de convenir à la fois au célibataire et au père de famille.

EXEMPLE.

Le célibataire, qui s'assure de cette manière un capital pour une époque déterminée, retrouvera ses épargnes augmentées d'un intérêt variable, suivant l'âge auquel il aura recours à cette assurance. Vient-il à se marier, son contrat est pour lui plus précieux encore, car alors même qu'il mourrait prématurément, il n'en laisserait pas moins à sa veuve, à ses enfans, et sans que ceux-ci aient aucune obligation à remplir, la somme assurée.

Le père de famille qui a plusieurs enfans obtient, au moyen d'une *assurance à terme fixe*, la certitude de toucher à l'époque de leur établissement ou de leur laisser, s'il n'existe plus, le capital qu'il leur destine.

EXEMPLES.

Un homme de quarante ans a le projet d'obtenir dans vingt ans une somme de 20,000 fr. qu'il partagera alors entre ses deux fils ; il paie une prime annuelle de 810 fr.

S'il vit dans vingt ans, il recevra le capital assuré, et pourra lui-même en régler le partage.

S'il meurt dans le cours des vingt années, ses fils ne toucheront pas moins les 20,000 fr. au terme convenu.

Enfin, si ceux-ci meurent eux-mêmes après leur père et avant l'expiration de ces vingt années, la Compagnie, dont l'obligation subsiste indépendamment de toute chance de mortalité, paiera toujours aux héritiers ou ayant-droit du père et des enfans le capital déterminé dans le contrat d'assurance.

Une personne âgée de trente-cinq ans doit se libérer dans quinze ans d'une dette de 10,000 fr.; une *assurance à terme fixe* lui convient parfaitement. Elle paie une prime annuelle de 566 fr., et, soit qu'elle vive, soit qu'elle ait cessé d'exister au terme fixé, elle recevra ou laissera l'argent nécessaire à son acquittement.

CHAPITRE XVI.

GARANTIES MORALES ET MATÉRIELLES OFFERTES PAR LE PHÉNIX, COMPAGNIE FRANÇAISE D'ASSURANCES SUR LA VIE.

Les *assurés*, de quelque nature que soit l'assurance, doivent reposer dans une tranquillité d'esprit, dans une sécurité parfaite. qui ne peuvent leur être acquises qu'en raison des garanties qui leur sont offertes par les *assureurs*. Sous ce rapport, la COMPAGNIE FRANÇAISE du PHENIX, ***Assurance sur la vie*** (1), donne à des assurés la plus complète satisfaction.

Les garanties qui environnent les opéra-

(1) Autorisée par ordonnance du Roi du 9 juin 1844.—Siège de la Compagnie, rue de Provence, 30, à Paris.

Cette Compagnie, qui assure également contre l'incendie, a un fonds social pour chaque branche de ses opérations, qui n'ont entre elles aucune solidarité.

tions de la Compagnie sont morales et matérielles.

Au nombre des garanties morales vient se placer l'intérêt de la Compagnie, qui lui fait une impérieuse loi de remplir fidèlement ses engagemens, puisqu'elle doit chaque jour se créer des relations nouvelles et recevoir de nouveaux capitaux. La forme de cet Etablissement, l'approbation donnée par ordonnance royale à ses statuts examinés en Conseil d'Etat, la haute position sociale de ses Administrateurs nommés par l'assemblée générale des plus forts intéressés, la publicité donnée à ses opérations, la reddition de ses comptes, qui sont adressés chaque année au Ministre de l'intérieur et au Préfet de la Seine : tout concourt à donner aux assurés une garantie morale qu'en confiant à la Compagnie du Phénix une partie de leur fortune et l'avenir de leurs familles, ils n'ont pas à craindre de voir compromis des intérêts aussi précieux.

A ces premières garanties viennent se joindre des garanties matérielles non moins importantes, non moins appréciables. Les opérations de la Compagnie n'ont rien de hasardeux ; elles sont basés sur des calculs positifs, sanctionnés par une longue expérience. Las capitaux qui lui sont versés et qui doivent être placés en fonds publics français, ou en acquisitions d'immeubles en France, suffiraient seuls pour la mettre à même de servir les rentes qu'elle constitue. Or, à cette garantie fondamentale, la Compagnie du Phénix ajoute, pour sûreté de ses actes, celle d'un capital social de quatre millions, qui s'augmente successivement de réserves prélevées sur les *bénéfices* réalisés.

TABLE DES MATIÈRES.

www.ingramcontent.com/pod-product-compliance
Ingram Content Group UK Ltd.
Pitfield, Milton Keynes, MK11 3LW, UK
UKHW021615260726
13994UKWH00003B/1016